AF300136

PRÊTRES ET NOBLES

PAR

Mgr DE SÉGUR

PRIX : **25** CENTIMES

PARIS

LIBRAIRIE DE PROPAGANDE

HATON, ÉDITEUR

33, RUE BONAPARTE

1871

PRÊTRES ET NOBLES

Dans la terrible guerre qui vient de finir, et qui a été, tout le monde le reconnaît aujourd'hui, un grand châtiment de Dieu, le clergé et ceux que l'on appelle encore « les nobles » ont donné à la France d'incomparables preuves de dévouement.

Nos prêtres, nos séminaristes, nos Frères étaient partout : sur les champs de bataille où plus d'un a trouvé la mort, dans les ambulances, dans la captivité, intrépides au milieu des dangers, fermes et inébranlables dans les plus cruelles privations.

Les plus illustres familles, les plus grands noms de France ont tenu à honneur de défendre le sol de la patrie, au prix de leur sang ; et ceux que l'on était jusque-là tenté d'accuser d'oisiveté et de mollesse, on les a vus, engagés comme simples soldats, faire des prodiges de valeur, tout souffrir sans se plaindre, côte à côte avec les enfants du peuple. Quantité d'entre eux sont tombés au champ d'honneur, ou du moins en ont rapporté de glorieuses blessures.

Après de pareils dévouements, on ne devait guère s'attendre à voir se rallumer, précisément contre les nobles et les prêtres, cette guerre acharnée, odieuse, que Voltaire et les sociétés secrètes avaient entreprise aux plus mauvais jours du dernier siècle. C'est ce qui a eu lieu cependant. Le sol français était encore tout chaud de leur sang, tout baigné de leurs sueurs, que déjà ces mêmes sectes, ennemies implacables de l'Église et de la société, recommençaient leurs attaques déloyales et furieuses.

Le mensonge menace sérieusement de corrompre les classes ouvrières, surtout dans les campagnes. On a donc pensé qu'il devenait nécessaire de répondre brièvement et carrément à la calomnie. C'est ce que je fais en ces quelques pages, dictées uniquement par la foi, par le bon sens, et par l'amour de ces pauvres ouvriers, presque tous bons et honnêtes, mais trop faciles à tromper.

Je prie tous les gens de bien de répandre le plus possible cet opuscule essentiellement populaire, si toutefois ils le jugent propre à réaliser le but si important que je me suis proposé. Que DIEU daigne en bénir les lecteurs et en féconder la lecture!

I.

Ce que prêchent les curés, c'était bon autrefois ; mais maintenant, c'est autre chose ! On ne croit plus à tout cela.

Et moins on y croit, plus cela va mal. Si ce que prêchent les curés est la vérité, pourquoi ne pas les croire aujourd'hui, tout autant qu'autrefois? Or, les prêtres ne sont au milieu des hommes que les envoyés de DIEU; ils sont les dépositaires de ces grandes vérités qui ne sauvent pas moins les peuples que les individus; et c'est à eux que JÉSUS-CHRIST, DIEU fait homme, a dit, en la personne de ses Apôtres : « *De même que mon Père m'a envoyé, moi je vous envoie. Allez donc, enseignez tous les peuples ; apprenez-leur à observer mes lois. Prêchez la nouvelle du salut à toute créature : celui qui croira sera sauvé ; celui qui ne croira pas sera condamné.*

Celui qui vous écoute, m'écoute; celui qui vous méprise, me méprise. Et moi-même je suis avec vous tous les jours jusqu'à la fin du monde. »

Voilà à quel titre, voilà avec quelle autorité divine le prêtre catholique se présente aux hommes. Son enseignement, c'est l'enseignement de JÉSUS-CHRIST lui-même; c'est l'enseignement salutaire de DIEU; c'est la vérité.

Malheur à qui n'écoute point le prêtre! D'après la parole même du Fils de DIEU, « il est condamné ».

Malheur au peuple, malheur au pays qui n'écoute plus le prêtre! Il se perd, s'il n'est pas déjà perdu.

Les gens qui vous disent de ne pas croire à la parole du prêtre sont, qu'ils le veuillent ou qu'ils ne le veuillent pas, vos ennemis les plus perfides; et les journaux, les révolutionnaires qui répètent ce blasphème sur tous les tons sont des malfaiteurs, des malfaiteurs publics, plus coupables cent fois que les misérables qui peuplent nos prisons.

Pourquoi les écoutez-vous?

Aujourd'hui comme autrefois, aujourd'hui plus encore s'il se peut qu'autrefois, ouvrons nos cœurs à des vérités qui seules peuvent nous rendre la paix et le bonheur. Dans tous les temps on a eu besoin de ces vérités-là ; mais après un siècle d'erreurs et de révolutions, on en a un besoin plus pressant que jamais.

La France est sur le bord de l'abîme : la Religion seule peut la sauver ; et la Religion, qu'est-ce, sinon ce qu'enseigne, ce qu'apporte le prêtre, de la part de Dieu ?

II.

Les prêtres ne doivent pas s'occuper des élections : c'est de la politique.

Erreur complète. D'abord, comme citoyen, le prêtre peut et doit, tout comme les autres citoyens, s'occuper de politique, et par conséquent des élections. Lui refuseriez-vous par hasard le titre et les droits de citoyen ?

Ensuite, même comme prêtre, il a parfaitement le droit, je dirais même le devoir, de s'occuper de politique et d'élections. Qu'il ne doive pas s'en occuper à la façon des agents électoraux, je vous l'accorde de grand cœur : ce serait s'exposer à compromettre son ministère. Mais, au point de vue des intérêts religieux, c'est tout autre chose.

La politique, en effet, touche aux intérêts religieux par mille côtés. Ainsi, au point de vue purement religieux, quoi de plus important, pour un diocèse, que la nomination d'un bon préfet, d'un préfet honnête et chrétien? Pour une paroisse et par conséquent pour un curé, quoi de plus important, toujours au point de vue religieux, que la nomination d'un bon maire, d'un conseil municipal chrétiennement composé? Avec des autorités bienveillantes, le bien sera facile ; toutes les œuvres catholiques, entre autres les écoles de Frères et de Sœurs, seront favorisées, et la bonne harmonie règnera dans la paroisse, dans le diocèse. Donc un Évêque, un curé, non-seulement peut, mais doit, doit en conscience se préoccuper de ces nominations. En apparence, il fait de la politique ; en réalité, il remplit son ministère spirituel, lequel consiste à procurer le salut des âmes.

C'est à ce point de vue si grave que le

prêtre ne peut pas, ne doit pas rester indifférent aux élections.

Le prêtre doit, avant tout, ne pas perdre de vue les intérêts de la Religion ; tout ce qui, de près ou de loin, intéresse la Religion, tout ce qui contribue à perdre ou à sauver les âmes, est de son ressort. C'est pour lui un devoir de s'en occuper. Vouloir ainsi mettre d'un côté la Religion et de l'autre la politique, d'un côté le prêtre et de l'autre les citoyens, c'est vouloir séparer ce que Dieu a uni, et tuer d'un même coup et la Religion et la société. La Religion est comme l'âme de la société civile, qui doit toujours se conformer, dans ses lois, dans ses institutions et dans ses actes, à la volonté du bon Dieu. Or, cette volonté, c'est l'Église, c'est le prêtre, qui est chargé par Dieu même de la faire connaître aux hommes.

Bien voter ou mal voter est évidemment une affaire de conscience ; et dès lors, cela regarde le prêtre. En matière d'élections comme en toute autre chose, le curé a le droit et le devoir de dire à ses paroissiens : « Il ne vous est pas permis de voter pour un ennemi de la Religion, pour un révolutionnaire. C'est pour chacun de vous un devoir de conscience de bien voter, de nommer des gens de bien. »

Que le curé doive faire cela avec autant de prudence que de fermeté, d'accord ; mais prétendre qu'il ne peut pas, qu'il ne doit pas le faire, c'est une erreur insoutenable.

Ne vous y trompez pas : ce sont les sociétés secrètes qui mettent en circulation toutes ces idées fausses, destinées à préparer insensiblement le règne des *communeux*. Depuis trente ou quarante ans, on travaille surtout nos campagnes, parce que les campagnes sont restées jusqu'ici meilleures que les villes. On tâche de discréditer nos curés, d'élever contre eux des soupçons, de miner leur salutaire influence. On dit qu'il faut qu'ils restent dans leurs sacristies, que l'Église doit être séparée de l'État, etc. Tout cela n'a d'autre but que d'escamoter le suffrage universel au profit des révolutionnaires.

Si, dans les élections, notre pauvre France écoutait un peu plus ses Évêques et ses prêtres, et surtout si elle écoutait un peu moins les intrigants et les sectaires qui exploitent sa crédulité, nous n'irions pas de révolution en révolution, comme cela a lieu depuis un demi-siècle, et nous aurions plus de gens de bien à la tête des affaires.

III.

N'écoutez donc pas les curés : ce sont les ennemis du peuple.

Les ennemis du peuple? Oh l'impudent mensonge! Les prêtres, loin d'être les ennemis du peuple, sont ses meilleurs amis, ses seuls vrais amis.

Les prêtres, ennemis du peuple? Et en quoi donc? Quel mal font-ils au peuple?

Regardons-y de près. Prenons une école, la première venue : sur cent enfants, quatre-vingt-dix au moins appartiennent à la classe ouvrière. Le prêtre arrive. Que leur apprend-il? A être bons, sages, obéissants; à respecter et à aimer leurs parents; à ne pas faire de mal; à se préparer à être un jour des hommes de bien et de devoir. Sans le curé, combien d'enfants du peuple ne recevraient aucune éducation morale ! Leurs parents, absorbés par le travail, peuvent à peine s'occuper de la vie matérielle de leur famille. Au catéchisme, au confessionnal, aux approches de la première communion, le prêtre, et le prêtre seul, s'occupe de la conscience, du cœur de l'enfant du peuple. — Est-ce à cause de cela que le prêtre est l'ennemi du peuple?

Et lorsque vos fils et vos filles arrivent à l'adolescence, quel est le rôle du prêtre vis-à-vis d'eux? N'emploie-t-il pas toute son influence, en chaire, au confessionnal, partout, à les maintenir dans la bonne voie? à leur conserver des mœurs pures, une vie et, par conséquent, une réputation honnête? Quand les jeunes gens deviennent-ils des mauvais sujets, des fainéants, des piliers de cabaret? N'est-ce pas lorsqu'ils abandonnent la Religion, lorsqu'ils cessent d'écouter le prêtre? Tant que votre fille a été bonne et chrétienne, elle s'est bien conduite; quand a-t-elle commencé à désoler sa mère, à déshonorer sa famille? C'est quand elle a cessé de se confesser et d'écouter son curé. Si vous avez le bonheur de voir votre fils, votre fille se bien conduire à dix-huit, vingt, vingt-cinq ans, c'est, après Dieu, au prêtre que vous en êtes redevable. Et le prêtre serait votre ennemi ?

Ce qui est vrai de la jeunesse l'est de tous les âges. Quels sont les ouvriers les plus rangés, les plus sobres, les plus laborieux, les plus constamment estimables ? Dix-neuf fois sur vingt, pour ne pas dire vingt fois sur vingt, ce sont les ouvriers chrétiens qui écoutent encore leur curé, et qui n'ont pas oublié le chemin de l'église. C'est le curé, sachez-le bien, qui maintient la paix, l'honnêteté des bons rapports dans la plupart des familles ouvrières, dont il est ainsi l'insigne bienfaiteur.

Vous lui reprochez de se mêler, par la confession, des affaires de votre famille ? Il s'en mêle, il est vrai ; mais en quel sens ? N'est-ce pas uniquement pour recommander à votre femme, à vos enfants, et, si vous y allez, à vous-même, d'être bon, patient, courageux au devoir; d'aimer le bon Dieu, et de vous aimer les uns les autres ? Le bonheur habite la maison de l'ouvrier qui écoute le prêtre. — Est-ce là, je vous prie, être l'ennemi du peuple ?

Et quand vous êtes malade? Qui vient à vous, pour vous consoler, pour vous aider à souffrir? Le médecin? oui, sans doute; mais le médecin ne vient que pour le corps; et puis, quel que soit soit son dévouement, il faut lui payer sa visite. Vos parents, vos amis? oui encore; mais c'est tout simple. Et si vous n'avez ni parents ni amis? Qui viendra à vous? Qui montera jusqu'à votre pauvre mansarde? Qui vous apportera une douce parole, un bon et cordial sourire? N'est-ce pas le prêtre, et le prêtre seul? Il brave tout, et la fatigue, et le froid et le chaud, et la contagion, dont il est parfois victime; et l'ingratitude, plus pénible encore que tout cela.

A la vie, à la mort, le prêtre est le père, l'ami, le consolateur, le soutien du malheureux; et l'on vient nous dire qu'il est « l'ennemi du peuple! » Allons donc. Les gens qui vous le disent n'en croient pas le premier mot. Et vous, vous auriez la niaiserie de les croire?

Et puis, réfléchissez donc: comment se pourrait-il que les prêtres fussent les ennemis du peuple? La plupart de nos prêtres, neuf sur dix, ne sont-ils pas de simples enfants du peuple ? Leurs parents sont des ouvriers, d'humbles cultivateurs ; leurs frères, leurs sœurs, leurs amis gagnent leur vie à la sueur de leur front. Tous leurs souvenirs sont là ; leur cœur est là. A défaut d'autre chose, c'est d'instinct que le prêtre aimerait le peuple. Car enfin on n'est pas ennemi de soi-même.

C'est au milieu des enfants du peuple, des ouvriers, des pauvres, des gens simples que le prêtre se sent chez lui et dans son véritable élément. Auprès de ceux qui souffrent et qui travaillent, son ministère est si facile ! Une bonne parole, une poignée de main, une petite caresse à un enfant : et voilà souvent toute une famille gagnée au bon Dieu !

On crie parfois contre les prêtres, parce qu'ils fréquentent « le château », parce qu'ils ont des égards pour les personnes riches. Mais, outre qu'il est tout naturel d'avoir des égards pour les personnes haut placées, et d'être poli pour tout le monde, les riches ne sont-ils pas, tout comme les autres, les paroissiens du curé? S'ils sont bons et charitables, comme cela a lieu la plupart du temps, le curé trouve auprès d'eux les ressources qui lui manquent pour soutenir ses bonnes œuvres et surtout pour soulager les pauvres. Lorsqu'ils ne sont pas précisément ce qu'ils devraient être, d'abord le curé n'y va guère, puis quand il y va, c'est afin d'essayer de leur faire un peu de bien, en se montrant bon et affable. Quel mal y a-t-il en tout cela ? Ceux qui y trouvent à redire sont des esprits chagrins et envieux, ou bien des imbéciles qui répètent les sottes criailleries des impies.

Donc, et quoi qu'on en dise dans les cabarets et dans les ateliers, le prêtre n'est pas l'ennemi du peuple ; il est son ami, son véritable ami ; toute sa vie se résume en un mot : dévouement au peuple. Et ceux qui disent le contraire sont des menteurs.

IV.

Les républicains, les francs-maçons, à la bonne heure ! Voilà les vrais amis du peuple.

Oui, ils aiment le peuple ; ils l'aiment beaucoup ; ils ne l'aiment que trop : ils l'aiment comme les loups aiment le mouton.

Pauvre mouton ! Et tu t'y laisses prendre.

Dans leurs journaux, dans leurs clubs, les démocrates répètent, sur tous les tons, qu'ils aiment le peuple. « C'est nous, s'écrient-ils, c'est nous seuls qui aimons vraiment le peuple. Nous nous occupons de ses intérêts ; nous voulons le tirer de l'esclavage du capital. Nous voulons fonder une société nouvelle, où l'ouvrier libre ne sera plus exploité par le patron, où chacun sera heureux et à son aise. »

Voilà ce qu'ils disent. Et pour réaliser leur programme, ils surexcitent les passions populaires ; ils préparent des émeutes, s'il se peut même, des révolutions ; ils enrégimentent les ouvriers, les femmes, les enfants ; ils les font monter sur des barricades, les arment de pétrole et de révolvers, et mettent le feu aux quatre coins du pays.

Alors, de deux choses l'une : ou le coup réussit, ou il ne réussit pas. S'il réussit, les meneurs arrivent, sur le dos du peuple, à quelque dictature, qu'ils empoignent à deux mains ; et sous le couvert du drapeau rouge,

1...

au milieu de proclamations sonores, ils remplissent leurs poches et celles de leurs amis en vidant les caisses publiques. Si le coup ne réussit pas (et c'est l'ordinaire) ils s'échappent lestement, laissant leurs pauvres dupes sur les barricades, aux mains redoutables de la justice militaire.

Dans l'un et l'autre cas, le peuple n'attrape que des coups; l'argent, les bonnes places, la gloire, l'impunité sont le partage des meneurs.

Pour ces hommes, la classe ouvrière, qu'ils affectent de vanter et qu'ils prétendent aimer, est tout simplement un poulailler : vieux renards, ils flairent les poules, et connaissent l'art de les plumer. L'un d'eux, qui s'est distingué parmi les communards de Paris, disait cyniquement : « Il faut plumer la poule sans la faire crier. » — Entendez-vous cela, braves gens qui lisez le *Siècle* ou le *National*, qui croyez les journaux démocratiques, et qui votez rouge?

Quand donc nos bons ouvriers le comprendront-ils? Ces républicains de profession, ces austères démocrates, qui ne parlent que de libertés, ne sont que de misérables égoïstes, qui se soucient de la liberté comme du Grand Turc, et qui s'empressent, dès qu'ils tiennent le pouvoir, de fouler aux pieds toutes les libertés publiques : la liberté religieuse, la liberté de la propriété, la liberté de la presse, la liberté de la parole, que sais-je ? Dans leur bouche, les grands mots d'*égalité* et de *fraternité* signifient persécution de tous les gens de bien, arbitraire, violence, et bien souvent meurtre et pillage.

Oui, voilà la réalité ; voilà vos républicains, vos francs-maçons, tels qu'ils ont toujours été, tels qu'ils seront toujours.

Que ces gaillards-là osent se dire les amis du peuple, cela se conçoit : c'est leur seul moyen de réussir ; mais ce qui ne se conçoit pas, c'est que, depuis cent ans, le peuple soit assez mouton, assez bête, pour se laisser mener par de pareils charlatans.

La république, surtout la république démocratique et sociale, est une mère de famille qui a deux espèces d'enfants : des scélérats et des cornichons ; les scélérats, toujours en petit nombre, sont les meneurs ; les cornichons, en nombre incommensurable, ce sont tous ces pauvres diables à qui l'on met le fusil au bras, et qu'on envoie se faire égorger, au jour de l'émeute.

Effrayé, le commerce cesse aussitôt; il n'y a plus de travail, plus de crédit; les magasins se ferment; et le pauvre ouvrier, rentré piteusement chez lui après ses belles équipées, n'y trouve plus que la misère.

A qui la faute? Est-ce aux patrons? Est-ce aux riches et au gouvernement? Est-ce aux curés? Non, mille fois non. La faute en est tout entière aux agitateurs, aux « amis du peuple ».

Pauvres moutons! N'en croyez donc plus les loups. Ils ne crient, ils ne hurlent contre le berger et ses chiens, que parce que le berger et ses chiens les empêchent de vous croquer. Le berger, dans l'ordre religieux, c'est le Pape, c'est l'Évêque, c'est le prêtre catholique; dans l'ordre temporel, c'est le Roi, le Roi légitime, qu'ils détestent et dont ils ont grand' peur.

Restez avec le berger; demeurez dans le bercail, où le loup ne peut vous atteindre.

V.

**Quelques curieux échantillons de ces illustres
« amis du peuple ».**

Ici, il n'y a que l'embarras du choix.

D'abord, il n'y en a peut-être pas un sur cinquante qui n'ait une vie privée parfaitement ignoble. Ceci est déjà bon à noter en passant. Puis, la plupart sont de malhonnêtes gens, depuis longtemps brouillés à mort avec tout ce qui sent l'honneur et la probité. Dans la dernière Commune de Paris, il y avait une bonne moitié de repris de justice, fraîchement sortis de la prison et même du bagne. L'un deux, apprenant que l'excellent abbé Croz, aumônier de la Roquette, allait être fusillé, courut chez son ami et compère, le féroce Raoul Rigault, soi-disant préfet de police. « Efface-moi ce nom-là de ta liste, lui dit-il. Tu ne sais donc pas qu'il nous a rendu à tous une foule de services, pendant que nous étions à la Roquette ? — Impossible ! répond Rigault. C'est un prêtre : cela suffit. — Ah ! c'est impossible ? Efface-le bien vite ; ou je te brûle la cervelle. — Oh alors! si tu y tiens tant... » Et il biffa tranquillement le nom de l'abbé Croz.

Mais ce qui est plus curieux, c'est que bon nombre des chefs de la démocratie contemporaine sont des richards, cousus d'or. Vous avez entendu parler d'Eugène Sue, le grand démocrate, l'ami du peuple, l'auteur des *Mystères de Paris*, du *Juif errant* et d'autres romans trop célèbres, devenus pour ainsi dire l'évangile des ouvriers?

Eh bien! ce farouche revendicateur des droits du peuple contre les prêtres, les nobles et les riches, savez-vous comment il vivait? Il avait *plus de quatre-vingt mille livres de rente*, dont le pauvre peuple ne voyait jamais rien. Il menait une vie de sybarite; il était gourmand comme une carpe, tellement élégant qu'il en était ridicule; même à la campagne, on le voyait, dès le matin, en gants beurre-frais, tiré à quatre épingles, en pantalons collants, toujours à la dernière mode, avec de grandes manchettes en dentelles fines : un véritable prince. Chez lui, en ville, c'était bien mieux encore : il avait une chambre à coucher, toute tapissée

en satin blanc, avec un lit d'ivoire magnifi-
quement sculpté. Tous les raffinements de
la volupté se donnaient rendez-vous dans ce
modeste asile de la démocratie. Pour ménager
ses blanches mains, Eugène Sue n'écrivait
jamais sur « le luxe et l'orgueil des riches »,
sur « l'hypocrisie des prêtres », sur « les souf-
frances du peuple », etc., qu'avec ses gants
beurre-frais ; et dès qu'ils n'étaient plus frais,
Monsieur sonnait démocratiquement ; un
de ses trois laquais, poudré, en bas de soie,
en grande livrée, se présentait, apportant à
son maître une nouvelle paire de gants, sur
un plateau d'or ciselé. On a vu Eugène Sue
user ainsi en un jour dix et douze paires de
gants ! — Et voilà un « ami du peuple » !

L'illustre M. Havin, le prophète du *Siècle*,
a laissé en mourant quelques petites écono-
mies : elles se montaient à *quatorze* pauvres
petits *millions !* Le pauvre homme ! A lire
son journal, on ne s'en doutait guère. Les
journaux démocratiques font, paraît-il, de
bonnes affaires. Et aux dépens de qui ?

Victor Hugo, le grand, l'austère Victor
Hugo, le magnifique poëte de la démocratie
et de la république universelle, est égale-

ment un pauvre homme affligé de *plus de trois cent mille livres de rente;* quelques-uns disent même *cinq cent mille.* Son infâme livre des *Misérables* lui a rapporté d'un coup *cinq cent mille francs!* On oublie toujours de citer les largesses que son vaste cœur humanitaire l'oblige à coup sûr de faire à ses chers clients des classes laborieuses. On le dit aussi avare, aussi égoïste qu'il est vantard.

Faut-il parler ici de son ami de cœur, le pourfendeur Garibaldi, qui, sous prétexte de porter secours à la belle république Gambetta, Crémieux et Cⁱᵉ, est venu vivre à nos dépens avec quinze mille bandits, poltrons comme la lune, pillards, sacriléges, vrai rebut de l'humanité? Avec de grands airs d'austérité et de désintéressement, ce héros de contrebande, qui trouve toujours moyen de faire la guerre sans se battre, trouve aussi le moyen de vivre grassement et voluptueusement aux dépens des autres; à Caprera comme ailleurs, il a un train et des mœurs de pacha. Dieu sait les millions qu'il nous a mangés en trois mois, sans compter ceux que les frères et amis de

France lui ont laissé emporter en sa retraite de Caprera, lorsqu'il s'est sauvé ! Lui aussi, il fait des proclamations pathétiques sur « la misère du peuple, opprimé par les prêtres et les rois ».

Et le fameux Rochefort ? monsieur le comte de Rochefort-Luçay ? Savez-vous ce qu'en Belgique ce pauvre exilé gagnait avec sa *Lanterne ?* une *dizaine de mille francs par mois,* c'est-à-dire par an, environ *cent vingt mille francs !* Et il avait un appartement princier, avec une enfilade de salons, de superbes laquais, des espèces d'huissiers, de secrétaires, etc. Dur comme un juif pour ses subordonnés, il les mettait à si maigre ration, que l'un d'eux, exaspéré, a révélé un beau jour tout le secret de cette idole du peuple. Tout dernièrement, quand il fut pris à Meaux et ramené à Versailles, on trouva, disent les journaux, dans la doublure de ses habits *plus de six cent mille francs* en billets de banque. Assurément, il les destinait à son pauvre peuple de Paris.

Ledru-Rollin est un gros richard. Crémieux est riche comme Crésus. Glais-Bizoin est également un gros propriétaire et un des plus riches industriels de Bretagne. Gambetta s'en donnait à cœur-joie pendant sa dictature, et faisait rouler les millions de la France avec autant de facilité que les proclamations. Les chefs de la Commune, presque sans exception, allaient d'orgies en orgies, buvaient, volaient comme des Prussiens.

Le 31 octobre 1870, le premier soin du bon Félix Pyat, lui aussi tout dévoué à la cause du peuple, fut d'envoyer un exprès au Ministère des finances, pour prendre une petite somme de *quinze millions*. Mais le temps lui manqua ; et ce fut lui qui fut pris. Un autre, Flourens, si je ne me trompe, fit le même jour une tentative semblable. Plus tard, sous le règne de la Commune, lorsque les Français reprirent Paris, plusieurs chefs de la démocratie, arrêtés dans leur fuite, se trouvèrent nantis de grosses sommes, toutes volées bien entendu.

Et voilà les misérables qui osent crier contre les riches! qui osent accuser les prêtres d'être les ennemis du peuple! Pendant que les prêtres donnent tout ce qu'ils ont, eux, ils prennent, ils pillent, ils fusillent, ils incendient. Et quand ils peuvent échapper à la vengeance de la justice, ils se gobergent sans pudeur, s'abandonnant à la débauche, digne compagne de l'impiété et de la rébellion.

Sont-ce là des amis du peuple? Au bon sens de répondre.

VI.

Les prêtres sont des fainéants, qui s'engraissent de la sueur du peuple.

Vous croyez que les prêtres sont des fainéants, parce qu'ils ne travaillent pas de leurs mains comme les ouvriers. A ce compte-là, tous nos magistrats, nos notaires, nos hommes de loi, nos juges, nos professeurs, nos savants, nos médecins, nos administrateurs, nos officiers, etc., ne seraient donc que des fainéants? A qui fera-t-on croire une pareille sottise.

Le travail du prêtre est le plus important et le plus utile de tous. Il a pour objet la moralisation publique, le service de Dieu, l'enseignement de ce qu'il importe le plus de savoir ici-bas, la véritable éducation de la jeunesse, l'assistance des malheureux, des malades et des mourants.

Est-ce que vous croyez par hasard que votre curé ne fait rien quand il prie pour son peuple, et par conséquent pour vous? quand il fait le catéchisme à votre enfant? quand il passe de longues heures à confesser, à consoler, à relever les âmes? quand il prépare laborieusement chez lui les instructions qu'il doit donner à ses paroissiens?

Vous le voyez quelquefois se promener, aller voir un ami, un confrère : n'en faites-vous pas autant, vous qui criez contre les prêtres? Êtes-vous pour cela un fainéant? Comme vous, moins que vous, votre curé reçoit de temps en temps, et donne à dîner : quel mal y a-t-il à cela? N'a-t-il pas cent fois le droit de se délasser honnêtement avec ses confrères? Voudriez-vous qu'il se claquemurât dans son presbytère, comme dans une prison cellulaire? Ce que l'on se garde bien de dire, c'est qu'en dehors de ces petits *extra*, nos pauvres curés vivent plus maigrement que les trois-quarts des ouvriers.

Je le sais : de même que, parmi les ouvriers, il y a des travailleurs plus ou moins laborieux ; de même aussi, parmi les prêtres, il y en a qui sont plus ou moins appliqués au grand travail de leur ministère. Mais cela fait-il que « les prêtres » soient des fainéants? Surtout dans les grandes villes et dans les pays de foi, il y en a, et beaucoup, qui s'épuisent de travail. Du matin au soir, — j'ajouterais presque du soir au matin, — c'est un travail incessant, un travail tel, que j'en ai connu plusieurs qui en sont morts, admirés et pleurés de tous.

Si votre pays est si misérable, si indifférent, que votre pauvre curé, tout découragé, en est comme réduit à l'impuissance de rien faire, est-ce sa faute, dites-moi, ou bien la vôtre? Là où il n'y a plus de terre végétale, comment voulez-vous qu'on s'éreinte à labourer? Vous repoussez votre curé ; vous empêchez votre femme et vos enfants de recourir à son ministère; vous et vos pareils vous le paralysez, vous l'empêchez de rien faire : et puis, vous dites qu'il ne fait rien !

Ah! sachez-le bien : le prêtre est le grand travailleur du bon Dieu. Sa vie est la plus utile de toutes. Sans lui, nous retomberions, en moins d'un demi-siècle, dans la barbarie.

« Il s'engraisse de la sueur du peuple », ajoutent emphatiquement nos illustres démocrates. Hélas! pauvres prêtres, qui passent leur temps à secourir les malheureux, quelquefois même en prenant sur leur nécessaire.

« Mais, puisqu'ils nous prennent notre argent? » — Si, pour certaines fonctions de leur ministère, ils reçoivent quelque chose (ce qu'on appelle le casuel), c'est qu'ils ne peuvent, pas plus que les autres hommes, vivre de l'air du temps. N'est-il pas trois fois juste que ceux qui renoncent à tout pour se dévouer au service de Dieu et au salut de leurs frères, n'en soient pas réduits à mourir de faim? Faut-il pour cela les accuser de s'engraisser des sueurs du peuple?

Je plains les gens qui sont capables de parler ainsi du prêtre : ils n'ont ni foi, ni cœur, ni bon sens. La plupart du temps, ce sont des ivrognes de profession, des « fainéants » de première qualité. Ils crient contre les prêtres, parce qu'ils ont un reste

de foi, et qu'ils ont peur des jugements de
Dieu. Voilà tout.

Ce sont eux qui s'engraissent aux dépens
du peuple ; car ils ne vivent que de ses vices
et de ses passions.

VII.

**Nos curés nous parlent toujours du Pape, nous
demandent de l'argent pour le Pape. Pourquoi le Pape ne se tire-t-il pas d'affaire tout
seul ?**

Nos curés nous parlent souvent du Pape ?
Eh ! les révolutionnaires en parlent bien plus
encore, et ce sont eux qui ont commencé.

Depuis dix ou douze ans, ils ont attaqué,
ils ne cessent d'attaquer le Pape ; et vous
voudriez que nos prêtres ne songeassent pas
à le défendre ? Ils conspirent pour enlever
au Pape, non-seulement son honneur, mais
encore sa liberté ; et vous voudriez que nos
prêtres restassent les bras croisés ?

Si l'on insultait à tout propos votre père,
vous tairiez-vous ? Si on voulait le chasser
de chez lui, si on voulait lui voler cette
maison paternelle qui est votre propriété

autant que la sienne, ne viendriez-vous pas à son secours? Et si l'on vous disait de le laisser se tirer d'affaire tout seul, que diriez-vous?

Or le Pape, Vicaire de JÉSUS-CHRIST et Chef spirituel des chrétiens, est le père de nos âmes. C'est pour cela que nous l'aimons et que nous le défendons. Nos curés ne font que leur devoir en nous exhortant sans cesse à aimer le Pape, à défendre la cause du Pape, à demeurer fidèles au Pape.

S'ils nous demandent de l'argent pour le Pape, c'est que, pour se défendre contre la Révolution, il a besoin d'argent. S'ils nous en demandent beaucoup, c'est que le pauvre Pape a besoin de beaucoup d'argent dans cette lutte terrible.

Pourquoi vous en prendre à votre curé? C'est aux révolutionnaires, c'est aux ennemis de l'Église et à eux seuls qu'il faut vous en prendre. Avant qu'ils n'eussent commencé à dépouiller le Saint-Siége, qui donc pensait à quêter pour le Pape?

Il n'y a guère que dix ou douze ans que nos prêtres nous demandent ainsi de l'argent pour le Pape. C'est depuis la guerre d'Italie.

Napoléon et Victor-Emmanuel, deux four-
bes de premier ordre, se sont faits contre
le Pape les agents de la Révolution ; à force
de mensonges, d'hypocrisie, d'impudence,
ils sont parvenus à le dépouiller peu à peu
de ce modeste pouvoir temporel, qui ne
faisait de mal à personne et qui suffisait lar-
gement à protéger la liberté spirituelle du
Chef de l'Église. Le Pape a eu besoin de secours ; et nos prêtres, dignes capitaines de
la grande armée catholique, nous ont ap-
pelés à défendre notre chef, notre père, et
par des prières et par des offrandes. Quoi de
plus simple ?

Et puis, faites-y donc bien attention : la
cause du Pape, c'est la vôtre. Qu'est-ce qui
est ici en question ? N'est-ce pas le droit de
propriété ? Les possessions qu'on a volées au
Pape lui appartiennent au même titre que
votre maison, votre champ, vos meubles
vous appartiennent à vous-même ? Si vous
laissez tranquillement violer le droit du
Pape, la Révolution socialiste en arrivera
bientôt à violer le vôtre.

Donc, en dehors même de la foi, vous
êtes, nous sommes tous directement inté-

ressés à la cause du Pape, au triomphe du bon droit. Si pour cela il faut de l'argent, donnons de l'argent. La chose en vaut bien la peine.

Comme catholiques, vous y êtes encore plus intéressés. Ce n'est pas pour lui, c'est pour vous, c'est pour nous tous, catholiques, que le Pape tient à ses possessions temporelles, qui seules lui donnent le moyen de gouverner l'Église. Comme tout gouvernement, le gouvernement de l'Église ne peut fonctionner sans argent. Tant qu' les Italiens n'auront pas restitué au Saint-Siége les possessions dont ils l'ont dépouillé, il ne faudra pas s'étonner si nos prêtres nous engagent souvent encore à donner au Pape de quoi gouverner l'Église. C'est une dure nécessité, si vous voulez; mais les révolutionnaires en sont seuls responsables.

Ajoutons que personne ne vous force à donner. Ceux qui donnent aux quêtes pour le Pape, donnent parce qu'ils ont de la foi, parce qu'ils ont du cœur, parce qu'ils ont du bon sens. Ce ne sont pas ceux qui donnent qui crient; et ce ne sont pas non plus ceux qui crient qui donnent. Libre à vous de crier : pour nous, nous aimons mieux donner.

VIII.

Les curés envoient secrètement l'argent de nos quêtes à Henri V.

Évidemment ! surtout ceux qui ne sont pas légitimistes.

Voilà une de ces grosses bêtises, une de ces calomnies stupides, impossibles, que les sociétés secrètes font avaler au peuple des jobards.

Il y a, ne l'oubliez donc pas, une immense conspiration organisée contre le clergé, par la franc-maçonnerie, et cela, depuis plus de cinquante ans : mensonges, calomnies, caricatures, pamphlets et romans, journaux, insinuations perfides, ruses et violences, clubs, discours soi-disant politiques, tout est mis en œuvre pour salir, pour déshonorer l'Église. « Il ne suffit pas, disait naguère l'un des chefs de la secte, il ne suffit pas d'exterminer le catholicisme ; il faut *l'étouffer dans la boue.* »

Il n'est point de basses, de grossières calomnies que ces gens-là n'aient inventées.
Pendant la guerre, ils disaient que les prêtres étaient vendus à la Prusse ; qu'ils envoyaient secrètement aux Prussiens des
sommes énormes ; qu'on venait de découvrir
chez les Jésuites de Paris trois milliards, destinés aux Prussiens ; que les curés étaient
cause de la guerre ; qu'ils voulaient pousser
la France dans des guerres religieuses pour
faire triompher, du même coup, Pie IX et
Henri V ; que tout dernièrement Pie IX et
Henri V avaient clandestinement traversé la
France.... dans un tonneau ! oui, dans un tonneau ; dans un tonneau tapissé de soie
blanche (*on* l'avait vu) ; ils excitaient les
populations à la guerre civile ; ils donnaient
de l'or aux zouaves pontificaux, et *on* avait
entendu Pie IX leur dire, à travers la
bonde : « Mes petits amis, tenez, voilà de
l'or ; amusez-vous bien. » Dans un pays
que je pourrais nommer, les habitants
avaient été si indignés de cette noire conspiration du Pape et du Roi contre la paix
publique, qu'il n'en a pas fallu davantage

pour en empêcher près d'un quart de faire leurs pâques !!

Les sociétés secrètes font courir toutes sortes de bruits incroyables, impossibles, contre les curés : ce sont eux (*on* les a vus, *on* les voit, *on* les verra toujours) oui, ce sont eux qui sont cause de la grêle, des inondations, du choléra, de la petite vérole, de la sécheresse, de la cherté du pain, de l'oïdium ; que sais-je? Ce sont eux qui attirent sur le pauvre peuple tous les fléaux; ce sont eux qui intriguent pour faire doubler et tripler les impôts ; ils sont les ennemis de la France, de la liberté ; ils sont en train de préparer un massacre général des républicains, et autres absurdités de ce calibre. Ces infâmes calomnies, les agents révolutionnaires les répandent partout; c'est un système de démolition de la Religion et de la société; c'est le mot d'ordre satanique de *l'Internationale*. Plus la calomnie est grosse, impossible, absurde, plus elle fait de chemin. Dans la chaleur des élections, nos pauvres paysans surtout avalent cela comme de l'eau.

Que les hommes vendus aux sociétés secrètes disent cela, c'est tout naturel : ils font leur métier, leur métier de menteurs et de scélérats. Ils le font presque tous pour de l'argent : c'est une exploitation en grand de la crédulité populaire. L'*Internationale* a une police très-étendue ; et comme toutes les polices, la sienne est secrète et payée. Elle a des agents secrets dans toutes les usines, dans toutes les manufactures. Ces agents, payés vingt, trente et jusqu'à cinquante francs par semaine, se faufilent dans les ateliers, y étudient le personnel des ouvriers, font des rapports circonstanciés sur le caractère, sur la famille, sur les besoins, sur les défauts et les qualités de chacun en particulier, afin que l'*Internationale* puisse le prendre par son côté faible. *Deux fois par semaine,* ces agents reçoivent le mot d'ordre, c'est-à-dire une calomnie à faire circuler. Par ce système, dès qu'une calomnie est usée, il en arrive une autre. L'*Internationale* ne devrait-elle pas s'appeler l'*Infernale?*

Ce qu'elle fait à Paris, elle le fait en même temps à Lyon, à Marseille, à Toulouse, à Bordeaux, à Rennes, à Lille, dans tous les départements ; elle le fait à Rome, à Naples, à Milan, dans toute l'Italie; en Espagne, en Belgique, en Angleterre, en Allemagne, en Russie, en Autriche, en Amérique. C'est ce qui explique comment aux approches de la guerre de 1870, les mêmes absurdes calomnies étaient répandues contre le clergé et contre le Pape, en Allemagne en même temps qu'en France : le clergé allemand était accusé de s'entendre avec le Pape pour faire écraser la Prusse par la France; et le clergé français était accusé de s'entendre avec le Pape et avec le Concile pour soulever l'Allemagne contre la France. Le même mot d'ordre circule partout comme une étincelle électrique sortie de l'enfer.

Et voilà avec quelle perfidie on exploite, on soulève le peuple des travailleurs? En lui enlevant la foi, on lui a fait perdre le bon sens; depuis qu'il n'est plus fidèle, il est crédule, il avale tout. C'est navrant !

La niaise accusation de faire passer à Henri V les aumônes des fidèles est une de ces *bourdes* révolutionnaires, qui sont tellement stupides, qu'il serait ridicule d'essayer même d'y répondre. Un beau jour, on apprendra que les curés sont en train de décrocher le soleil pour le porter à Henri V et pour replonger le monde dans les ténèbres (sans doute, du moyen âge); et on le croira. Oui, les lecteurs du *Siècle,* du *National,* etc., seront de force à le croire.

IX.

Les prêtres et les nobles s'entendent pour opprimer le peuple.

Encore un prétendu cri d'alarme sorti des sociétés secrètes! absurde, imaginaire, sans l'ombre d'une preuve.

Où a-t-on jamais vu, je le demande, la moindre trace de cette soi-disant conspiration des prêtres et des nobles contre les hommes du peuple? On voudrait la tramer, que ce serait impossible, absolument impossible. Comment, dites-moi, les soixante mille prêtres qui existent aujourd'hui en France pourraient-ils s'entendre, d'abord entre eux-mêmes, puis avec cent ou cent cinquante mille gros propriétaires, disséminés dans tous les départements? Comment s'entendraient-ils avec des hommes dont un grand nombre, hélas! ne sont rien moins que chrétiens et passent leur vie à contrecarrer l'influence salutaire de leur curé? — Dès qu'on regarde en face ces fameuses objections anticléricales, elles tombent d'elles-mêmes.

Jadis le clergé et la noblesse formaient, dans l'État, deux *ordres*, distincts du *tiers état*, lequel représentait le peuple proprement dit; et ces deux ordres jouissaient de certains priviléges, et avaient une puissance qui pouvait porter ombrage au tiers-état et aux ouvriers. Mais aujourd'hui ces distinctions n'existent plus, et personne, croyez-le bien, ne songe à les faire revivre. Le clergé est pauvre; la noblesse est dépouillée de tous ses priviléges; si bien dépouillée que, de fait, elle n'existe plus que par la gloire des noms et des souvenirs. Aujourd'hui, le riche et le pauvre, le marquis et l'ouvrier, le prince et le paysan, le prêtre et le laïque, tous les Français, en un mot, sont absolument égaux en droits civils et politiques. Il n'y a plus de seigneur, plus de privilége d'aucun genre; et les démocrates qui accusent les prêtres et les nobles de conspirer contre le peuple, savent fort bien qu'ils n'évoquent là que de vieux fantômes, depuis longtemps évanouis.

Et pourquoi les évoquent-ils? Nous le disions tout à l'heure : c'est pour surexciter à leur profit les passions les plus basses des pauvres gens : l'orgueil et l'envie. Ils tâchent de remuer cette vase, afin de pêcher en eau trouble : il est si facile de piller et de voler en temps de révolutions!

Ce sont eux qui conspirent, qui conspirent sans cesse, et contre Dieu et contre les hommes. Pour cacher leur jeu, et exploiter les forces populaires, ils accusent « les prêtres et les nobles » de complots chimériques. Ce sont des voleurs qui crient « au voleur! » pour mieux dépister les gendarmes.

Oh, les honnêtes gens!

X.

Si Henri V revenait, on rétablirait la dîme et les droits féodaux.

Au moment de la moisson, les cultivateurs mettent parfois au milieu des blés de grand mannequins bizarres, formés de deux ou trois morceaux de bois et recouverts de quelques oripeaux rouges, blancs, jaunes, qui flottent au vent. Cela fait peur aux moineaux, et les empêchent de manger le froment.

Aux approches des élections et, en général, dans les moments de trouble, les sociétés secrètes, qui *cultivent* les cultivateurs et les ouvriers, ont recours à une manœuvre de ce genre. Ils ont une peur terrible de Pie IX, d'Henri V et de tout ce qui sent le droit; et pour empêcher les gens de la campagne de voter comme ils devraient voter, ils envoient de tous côtés des émissaires chargés de leur faire peur, en répandant contre la monarchie, contre les légitimistes, contre « les prêtres et les nobles, » toutes sortes d'absurdités plus folles les unes que les autres. « Si vous votez pour des cléricaux et pour des partisans d'Henri V, disent-ils, vous allez retomber dans l'esclavage; la première chose qu'on va faire sera de rétablir la dîme et les droits féodaux. Vous serez obligés d'aller tous les jours à la messe. Pour obtenir le moindre emploi, il faudra présenter des billets de confession. Ce sera le retour de la théocratie ; ce sera le gouvernement des curés. »

Les masses sont crédules, surtout à la campagne ; et trop souvent ces ridicules affirmations des agents de la Révolution suffisent pour empêcher un vote favorable à la cause de l'ordre.

Presque tous les préjugés auxquels nous répondons en ces quelques pages, ne sont autre chose que des manœuvres électorales ; ce sont les oripeaux du fameux mannequin, destiné à faire peur aux moineaux. Pauvres moineaux ! s'ils avaient de l'esprit, s'ils savaient que ce grand mannequin, qui paraît agiter des bras d'une manière si terrible, n'est qu'un fantôme creux, ils se moqueraient à pleins becs du fermier et de ses garçons ; ils mangeraient tout à leur aise ce bon blé que la Providence ne leur refuse pas.

Ainsi en serait-il de quatre-vingt-quinze électeurs sur cent, s'ils savaient la vérité sur les hommes et sur les choses. Ils enverraient promener de la belle façon tous les fauteurs d'anarchie, dont le honteux métier, depuis plus d'un siècle, est de tromper et de perdre la France. Ils se moqueraient de leurs dires non moins que de leurs journaux et de leurs pamphlets; et notre pauvre pays, échappant enfin au mensonge, retrouverait à la fois dans le respect de l'Église et dans le respect de la monarchie légitime, cette bonne paix, cette prospérité profonde et véritable qu'il a perdues depuis qu'il écoute les charlatans de la Révolution.

Quant à ce qui concerne, en particulier, les dîmes et les droits féodaux, en vérité, ce serait faire injure au lecteur que de vouloir répondre sérieusement. Les dîmes étaient jadis, dans les pays de foi, des redevances en nature, que les paysans des domaines ecclésiastiques payaient chaque année à l'Église, pour reconnaître son droit de propriété. Les droits féodaux étaient, pour la plupart, des redevances du même genre, très-peu onéreuses en elles-mêmes, et dont le but principal était de rappeler au paysan les droits des seigneurs du lieu. Dans l'un et l'autre cas, c'était, de la part du paysan, un acte de soumission et de dépendance. L'orgueil démocratique, qui rejette toute idée de dépendance, s'indigne pour cette raison contre ces vieux usages d'autrefois, que les pamphlets révolutionnaires lui dépeignent sous les plus noires couleurs.

Pour faire plus d'effet, ils inventent, ils calomnient. Entre autres, ils mettent en avant le fameux *droit du seigneur*, abus infâme, s'il avait jamais existé. Il y a dix-huit ans, un illustre écrivain a traité à fond ce point historique, et a démontré jusqu'à l'évidence que ce prétendu droit *n'a jamais existé*, ni en France, ni ailleurs.

Il a examiné une à une les pièces que l'on citait à l'appui de cette calomnie mise en vogue par Voltaire et les impies du dernier siècle; et il a réduit les calomniateurs au silence : *toutes* ces pièces, sans en excepter une seule, ont été reconnues fausses, apocryphes, de nulle valeur.

Tout dernièrement nos journaux rouges ont repris avec une sorte de rage ce vieux mensonge, qui osait accuser la France chrétienne d'avoir admis dans son droit public une immoralité aussi grossière, aussi révoltante. Ils savent qu'ils mentent; mais ils n'en mentent pas moins, sachant que l'ouvrier, et surtout le paysan, est crédule, et que cette calomnie est très-propre à exaspérer le peuple contre les châteaux.

Il y avait bien, dans ces temps de foi, «un droit du Seigneur, » très-répandu et quasi-universel parmi les chrétiens; mais c'était tout l'opposé de ce que supposent nos mauvais journaux : c'était la consécration, faite librement, au Seigneur des seigneurs, c'est-à-dire au bon Dieu, des trois premiers jours du mariage, que les nouveaux époux passaient, par un sentiment de foi, dans la prière, la continence et la piété. La France chrétienne n'a jamais connu d'autre « droit du seigneur » que celui-là. Pauvre peuple! comme on te trompe!

Cela veut-il dire que, dans les siècles passés, dans les temps de la monarchie légitime, il n'y avait point d'abus de ce genre, et que, par-ci par-là, quelques seigneurs mal-vivants n'abusaient pas de leur position? Personne ne le prétend. Mais vouloir faire de quelques crimes isolés, flétris par toutes les lois divines et humaines, un *droit*, un droit public, reconnu par l'État, sanctionné par l'Église, c'est là une extravagance que peut seule expliquer l'aveugle colère de l'impiété. A ce compte-là, parce qu'il y a eu un Tropmann, un Lemaire, un Dumolard, tous les jeunes ouvriers, tous les aubergistes seraient *de droit* des assassins, et la manière de faire de ces monstres serait le droit public de la France au dix-neuvième siècle.

Aujourd'hui comme alors, les passions honteuses abusent de tout pour se satisfaire : jadis, c'était l'ascendant de la grande propriété et de la noblesse; aujourd'hui, c'est l'ascendant de l'argent, de la position, de la crainte. Combien d'honnêtes ménages ne sont-ils pas troublés, dans tous les rangs de la société! Combien de pauvres femmes, séduites, déshonorées, non par des seigneurs, mais par un contre-maître, par un patron, par un directeur d'usine ou de théâtre ou de magasin! combien surtout, par ces *vertueux* journalistes et coryphées de la démagogie, qui, ne croyant ni à DIEU ni à diable, foulent aux pieds toutes les lois morales, passent, sans sourciller, par-dessus tous les adultères, par-dessus toutes les infamies! Nos chefs communeux viennent de nous donner de leur moralité des échantillons que la France n'oubliera pas de sitôt. Il faut être Gambetta et gambettiste pour oser parler des « *vertus* républicaines ».

Exagérations ridicules, ou indignes calomnies : voilà en quoi se résument les fameux droits féodaux, que la Révolution jette sans cesse à la face de notre noble France, la vieille France chrétienne et monarchique.

Si nos campagnes n'avaient pas d'autre danger à craindre que le rétablissement de la dîme et des droits féodaux, elles pourraient dormir bien tranquilles. Henri V, pas plus que l'Église, pas plus que « les prêtres et les nobles, » ne pense à revenir sur ces vieilleries surannées, abolies pour toujours, et qui supposaient d'ailleurs un pays tout autrement organisé qu'il ne l'est aujourd'hui. Il ne s'agit pas de revenir au moyen âge, ni aux usages du moyen âge, quels qu'ils soient : les peuples et les États ne peuvent pas plus revenir au moyen âge, que l'homme ne peut revenir aux années écoulées de sa vie.

Nos francs-maçons le savent bien ; mais

ils savent aussi ce qu'écrivait, il y a cent ans, leur « frère et ami, » le franc-maçon Voltaire : « Mentons, mentons ferme ; il en restera toujours quelque chose. » Ils mentent donc, ils mentent ferme, et l'on ne voit que trop qu'il en reste « quelque chose ».

XI.

Du temps de la monarchie, le peuple était esclave ; sous la république, c'est lui qui est le maître : chacun son tour.

Sous la monarchie, pendant plus de mille ans, le peuple était soumis, et il était tranquille ; sous la république, le peuple est rebelle à toute autorité, à l'autorité civile comme à l'autorité religieuse ; et il s'imagine être le maître, parce que les hommes coupables qui le mènent, le lui disent et font miroiter devant ses yeux certains droits politiques, beaucoup plus apparents que réels. Ces droits, ainsi que les grands mots dont on les habille : *souveraineté du peuple, peuple souverain, liberté, égalité de tous les citoyens, suffrage universel,* etc., ne sont au fond que des miroirs pour prendre les alouettes. Les pauvres alouettes, qui ne sont pas fines, sont éblouies par le clinquant du miroir, et elles ne s'aperçoivent qu'on les attrapait qu'après avoir été attrapées.

La belle royauté, en vérité, que cette souveraineté républicaine du travailleur ! En pratique, elle se résume dans l'ennuyeux et ridicule droit de voter à tout propos, sur des questions politiques ou sociales, auxquelles il ne comprend rien, sur le choix de députés ou de conseillers généraux qu'il ne connaît pas, et sur le compte desquels on lui fait croire tout ce qu'on veut.

Je mets en fait que, sur mille électeurs votants, il n'y en a pas cinquante qui votent en connaissance de cause. Dans la classe ouvrière et parmi le peuple des campagnes, savez-vous ce que c'est qu'un électeur ? C'est presque toujours un brave homme qui s'imagine voter pour le bon ordre, le bon droit et la justice, et qui vote, sans s'en douter, pour le désordre, pour l'anarchie et la ruine publique. C'est une alouette que guette et pipe la Révolution. C'est une victime des sociétés secrètes, une dupe des mauvais journaux.

Et en quoi donc, grand DIEU ! l'ouvrier ou le paysan est-il plus « maître » qu'autrefois ? Oui, dans certains moments de crise, il est pour un instant maître de faire des barricades, de piller, et de se faire déporter ou tuer ; oui, sous la république, il a plus de liberté pour insulter et menacer les prêtres, les riches, les propriétaires ; mais, en dehors de ces excès de la force brutale, je ne vois pas en quoi le peuple est souverain, ni de quoi il est le maître.

La république, en France, est toujours plus ou moins l'anarchie ; or l'anarchie est directement le fléau du peuple ; elle fait cesser le travail ; elle arrête tout court et le commerce et l'industrie : or, en pratique, qu'est-ce que le travail pour l'homme du peuple, sinon son pain de chaque jour, le pain de sa femme et de ses enfants ? « République : ruine publique, » disait en 1848 un homme d'esprit. Si c'est de vivre sous la ruine publique qui vous enchante, ma foi, mon cher, vous avez un singulier goût ; permettez-nous de ne pas le partager.

XII.

Tout ce qui est homme de progrès est pour la république : il n'y a que les réactionnaires, les vieilles croûtes qui veulent la monarchie.

Ne nous payons pas de mots. Ce que la mauvaise presse appelle « les réactionnaires, les imbéciles, les vieilles croûtes, » ce sont bel et bien les gens honnêtes, les esprits éclairés et religieux qui ne se laissent pas duper par les belles phrases de la démocratie. Et ce que la démocratie appelle « les hommes de progrès et de lumière, » c'est la foule des borgnes, des aveugles et des cornichons qu'elle a le talent de séduire.

Il y a deux espèces de progrès : l'un en avant, l'autre en arrière. Nous autres, chrétiens et monarchistes, nous voulons le progrès en avant, le progrès dans le bien, dans le vrai et dans ce qui peut procurer au pays un bonheur solide. Si nous regardons en arrière, dans le passé, ce n'est pas pour y revenir, mais uniquement pour tâcher d'y ressaisir quantité de très-bonnes choses que nous ont fait perdre les bouleversements révolutionnaires. Nous sommes les premiers à reconnaître qu'il y a d'excellentes choses dans nos lois et dans nos institutions modernes ; et nous y tenons comme à tout ce qui est bon. Nous ne voulons que le bien, et ne cherchons que le bonheur de la France.

Si c'est là être réactionnaire, oui, nous le sommes, et de toute notre âme.

Il y a aussi le progrès en arrière, le progrès vers la barbarie, l'esclavage, l'immoralité, le vice. La Révolution n'en procure point d'autre ; témoin les ruines de tout genre qu'ont accumulées les hommes de 89, et leurs héritiers légitimes, les scélérats de 93. En quelques années, ils ont fait de notre belle et glorieuse France un amas de ruines sanglantes.

Et n'allez pas vous réfugier dans la distinction chimérique de la république révolutionnaire avec la république modérée, de la république rouge avec la république tricolore : quoiqu'en théorie il puisse y avoir des républiques bonnes et légitimes, en pratique, pour notre France du moins, que le bon Dieu a faite monarchique, il n'y a qu'une seule espèce de république : c'est la mauvaise. L'autre, qui semble modérée, ne l'est guère que pour commencer. C'est un pont jeté par les révolutionnaires entre la monarchie chrétienne, qui est l'état normal de la France, et une Commune quelconque, sœur de l'anarchie et de la mort. Jamais la France n'a passé ce pont de la république honnête sans arriver au côté gauche, au mauvais côté, à celui du sang et de la ruine. Les républicains tricolores peuvent être des cœurs généreux; mais ils sont, à coup sûr, des hommes à courte vue, ignorants des vraies aspirations de leur pays, qu'ils perdent en croyant le sauver. Le tricolore mène au rouge; et le rouge, c'est le sang, c'est la Révolution.

Les révolutionnaires et les républicains (en pratique, c'est la même chose) sont les ennemis de la Religion, et par conséquent des hommes et des institutions les plus vénérables dont se glorifie la civilisation; ils sont les ennemis de nos gloires nationales les plus pures, les plus splendides; ils sont les ennemis des sciences, des lettres et des arts; ils sont, pour la plupart, remarquablement bêtes, malgré les audaces de leur langage;

presque tous sont ignorants et grossiers ; presque tous, pour ne pas dire tous, sont pétris de vices, et d'une vie privée à faire rougir. Ils viennent, tout dernièrement à Paris, de se charger eux-mêmes de nous prouver tout cela jusqu'à l'évidence. Qu'était-ce, en effet, que cette horrible Commune, sinon la république sociale, la vraie république révolutionnaire, disant ce qu'elle pense, et faisant ce qu'elle veut ?

Voilà le beau progrès dont nos républicains osent se vanter ! Impiété, brutalité, férocité, pillage, incendie, audace incroyable, et, par-dessus tout, incapacité et incroyable ineptie.

Lequel vaut mieux, de notre progrès ou du leur ? du progrès blanc ou du progrès rouge ? du progrès vers le ciel ou du progrès vers l'enfer ? Pensez-y quand vous allez voter.

XIII.

**Les nobles et les riches sont des propres-à-rien :
ce n'est que justice de leur prendre ce qu'ils
ont et de le partager entre les travailleurs.**

Voilà le bout de l'oreille qui perce : l'amour du bien... d'autrui. La Révolution est une voleuse.

Les nobles et les riches, dites-vous, sont des « propres-à-rien » ? Et vous qui le dites, à quoi êtes-vous propre ? Le peu de bien que vous faites, ils le font comme vous, mieux que vous peut-être. Vous travaillez ? Eux aussi ont leur travail ; si ce n'est point, comme le vôtre, un travail manuel, ce n'en est pas moins un travail, un travail fort utile, où sont presque toujours intéressés un bon nombre d'ouvriers, d'artisans et de travailleurs.

Est-ce que ce ne sont pas les riches qui font aller le commerce, qui font travailler l'ouvrier, soit à la ville, soit à la campagne ? Ne seraient-ils bons qu'à cela, ce serait déjà beaucoup.

« Mais pourquoi sont-ils riches, tandis que

moi je suis obligé de travailler pour gagner ma vie? » — Eh! c'est bien simple : c'est parce que, les premiers, ils ont travaillé, avec intelligence et persévérance ; ou bien parce que leurs pères, leurs grands-pères ont travaillé et gagné ce bien. N'est-il pas juste que celui qui travaille gagne? que celui qui gagne possède? que celui qui possède, jouisse paisiblement de son bien, et le lègue à ses enfants? Et comment appelle-t-on les gens qui violent ces règles élémentaires de toute société? des *voleurs*.

Avec toutes leurs belles théories égalitaires et leur prétendu amour de la justice, les socialistes ou communistes, autrement dit les *rouges*, ne sont au fond qu'une secte de voleurs. Cela peut être dur à entendre ; mais c'est comme cela. Ils prêchent le vol, le vol et le pillage ; et comme la société n'est pas encore assez stupide pour se laisser faire, au vol et au pillage ils sont obligés d'ajouter le meurtre et l'incendie. Témoin les hauts faits des communeux de Paris, sans compter ceux de Lyon, de Marseille, etc.

Dans leurs déclamations, ils ne parlent que des nobles et des riches ; mais leur pensée va bien plus loin : elle s'étend à toute propriété, sans exception. Pourquoi, en effet, s'arrêter aux châteaux? Pourquoi respecter davantage la maison du bourgeois? Pourquoi ne point *partager*, c'est-à-dire voler, le magasin du commerçant, la boutique du patron? Enfin, pourquoi ne pas prendre la petite ferme du paysan, le petit avoir de l'ouvrier qui possède quelque chose ? Pourquoi s'arrêter en si beau chemin? Si le principe des *partageux* est vrai, s'il est injuste que celui-ci possède tandis que celui-là ne possède pas, pourquoi s'en tenir au château du noble, à l'hôtel du riche?

L'*Internationale* (qui est une branche de la franc-maçonnerie) dit qu'il faut « supprimer, » c'est-à-dire, en bon français, tuer tout patron qui emploiera « plus de quinze ouvriers ». Pourquoi quinze? Pourquoi pas dix? Pourquoi pas cinq? Si faire travailler beaucoup d'ouvriers, c'est les *exploiter*, pourquoi la vertueuse *Internationale* tolère-t-elle ce crime, lorsqu'il s'applique à quinze travailleurs? Qu'elle soit donc logique ; qu'elle supprime non-seulement les gros patrons, mais encore les petits ; et qu'elle déclare qu'il n'y aura plus désormais que des ouvriers et des ouvrières. Mais alors qui fera travailler les travailleurs ?

Vous le voyez donc, ce ne sont pas seulement « les nobles et les riches » qui sont ici en jeu ; ce sont tous ceux qui possèdent quelque chose, soit à la ville, soit à la campagne. C'est une guerre de sauvages, une guerre sociale, déclarée par ceux qui n'ont rien à tous ceux qui ont quelque chose, la moindre chose. Est-ce tolérable ?

Et comme on aura beau faire, il y aura *toujours* des gens qui n'auront rien, c'est éternellement la guerre, dans le monde entier. La Révolution, la Commune, c'est tout simplement le retour à l'état sauvage. — Est-ce là ce que vous voulez, vous tous, qui que vous soyez, ouvriers, paysans, boutiquiers, commerçants, domestiques, employés, soldats, fermiers, etc., qui votez pour les républicains ? Voter pour les républicains, c'est voter pour les rouges ; et voter pour les rouges, c'est voter pour tout cela.

Mais ce n'est pas tout. Lors même que, par impossible, on en arriverait demain à un partage égal de toutes les propriétés, combien de temps croyez-vous que durerait l'égalité? Au bout de huit jours, les ivrognes et les fainéants auraient dépensé la moitié de leur avoir; au bout d'un mois ils n'auraient plus le sou. Au contraire, les hommes laborieux, rangés, raisonnables, auraient au bout d'un mois doublé leur petite fortune. Faudrait-il donc recommencer l'opération tous les mois, toutes les semaines? Voyez combien niaises sont ces théories révolutionnaires.

Sachez-le donc une fois pour toutes: les *partageux* de la république, les communeux, les révolutionnaires sont tous des *gueux*, qui n'ont rien à perdre aux bouleversements sociaux et qui ont tout à gagner. Ils n'ont d'autre but que d'attraper à droite ou à gauche le plus d'argent possible; et que font-ils de cet argent, de cet argent volé? Ils mangent, ils boivent, ils se vautrent dans toutes les débauches, comme des êtres immondes qu'ils sont; et, l'ivresse dans le corps, la révolte dans la tête, la rage dans le cœur, le blasphème sur les lèvres, le fusil ou la pique dans les mains, les pieds dans

la boue, le démon dans l'âme, ils crient :
« Vive la liberté! vive la république! »

Voilà vos docteurs. Avouez qu'ils sont
propres!

· XIV.

**Laissez faire : vous verrez comme tout ira bien,
quand les républicains seront vraiment les
maîtres, et qu'il n'y aura plus ni roi, ni nobles,
ni prêtres, ni religion.**

Quand ils seront « vraiment » les maîtres,
savez-vous ce qui ira merveilleusement bien?
C'est ce qui commençait déjà à n'aller pas
trop mal en 93, lorsque, sous la houlette
pastorale du doux citoyen Robespierre et
sous le regard de l'aimable citoyen Marat,
la France était couverte de guillotines, les
guillotines couvertes de sang, les trésors de
la France complétement pillés, la banque-
route proclamée, les honnêtes gens en
prison, les bandits au pouvoir.

C'est ce qui, hier encore, allait également
fort bien à Paris, lorsqu'à l'ombre du drapeau rouge, on *réquisitionnait, perquisition-
nait,* c'est-à-dire, pillait et volait toutes les

maisons; lorsqu'on dévastait les églises; lorsqu'on massacrait les otages de Mazas et de la Roquette; lorsqu'on faisait pleuvoir le pétrole enflammé sur nos pauvres soldats; lorsqu'on égorgeait les honnêtes gens; lorsqu'on incendiait les Tuileries, l'Hôtel de ville, les musées, les monuments publics, avec la pensée de faire sauter tout Paris. Cela allait très-bien.

Et qui commettait toutes ces horreurs? Étaient-ce les rois? Étaient-ce les nobles ou les prêtres? C'étaient les républicains, les vrais, les bons; les républicains purs. Répétons-le à la multitude des sourds : en France, qu'on le veuille ou qu'on ne le veuille pas, la république et la Révolution sont une seule et même chose; le tricolore tourne fatalement au rouge; tous les 89 deviennent des 93. Les faits sont là, tout chauds encore, tout brûlants; et ils mettent à néant toutes les belles théories de ce que certains idéologues s'obstinent à caresser sous le nom de « république honnête et modérée ». Qui dit républicain, dit révolutionnaire; toujours plus ou moins révolutionnaire; révolutionnaire plus ou moins logique.

Braves électeurs, ne l'oubliez plus jamais : la république logique s'appelle la Commune, et la Commune, c'est la terreur, le meurtre, le pillage et l'incendie.

La Commune à Paris et la Commune à Rome, voilà ce qu'ils veulent avant tout : à Paris, parce que la France est le bras droit de la société chrétienne ; à Rome, parce que le Pape est la tête et le cœur de cette même société, qu'ils veulent anéantir. « Souvenez-vous, écrivait tout dernièrement Mazzini, souvenez-vous du mot d'ordre que je vous ai donné : *Rome* et *Paris!* »

Ils veulent brûler d'abord et Rome et Paris, puis les grandes villes de France, puis étendre leur action sauvage dans toute l'Europe, dans les deux Amériques, dans tout le monde civilisé. Ils l'ont dit dans un récent programme, daté de Francfort : « Ce que nous voulons, c'est la république universelle. Nous voulons une révolution sociale. Plus de religion, plus de propriété ; et c'est pour cela que nous voulons tuer les prêtres et brûler les églises, tuer les propriétaires et brûler les châteaux et les villes. »

N'est-il pas évident, comme le disait un

grand philosophe de ce siècle, que « la France-république serait la fin de l'Europe, et que l'Europe-république serait la fin du monde? »

La Providence a permis que, sous nos yeux, le mal révolutionnaire en arrivât à des excès sauvages, afin de nous ouvrir les yeux à tous et de nous faire reculer d'horreur devant les doctrines qui constituent la Révolution, devant les journaux qui prêchent la Révolution, devant les hommes aveugles ou scélérats qui se sont donnés à la Révolution.

Ce que la Révolution vient de faire par la république à Paris, elle le fera partout où elle sera la maîtresse. Elle ne sait, elle ne peut que détruire. Elle ne peut pas plus changer sa nature, que le tigre et l'ours ne peuvent changer la leur. On n'apprivoise point les tigres; on n'adoucit point les ours : de même, quoi qu'on fasse, quoi qu'on dise, on n'empêchera jamais la Révolution d'être ce qu'elle est : impie, stupide, féroce, destructive de la paix et du bonheur publics.

Elle nous dit : « Laissez-moi faire, et vous verrez. » Hélas! nous ne l'avons que trop vu; et c'est précisément pour cela que nous ne voudrions plus le voir. En 93 et en 71, il n'y avait plus « ni roi, ni prêtres, ni religion; » et nous avons vu où nous allions : en prison, en exil, à la guillotine, à la lanterne. C'était là le parfait bonheur républicain.

La république, autrement dit la Révolution, ne veut plus de Roi : c'est la preuve évidente qu'il nous faut un Roi. Elle ne veut plus de nobles ni de prêtres : c'est la preuve évidente que les nobles et les prêtres sont nécessaires à la société. Elle ne veut plus de Religion : c'est la preuve évidente que la Religion est notre salut. Le Roi, le Roi légitime, c'est l'autorité; les nobles, ce sont les hommes de l'autorité; les prêtres et la Religion, c'est la sanction divine, c'est la sauvegarde de l'autorité. Les républicains ne veulent ni de l'autorité, ni de ceux qui la leur rappellent : l'autorité les gêne, en les empêchant de piller et d'égorger. C'est donc l'autorité qu'il nous faut; l'autorité religieuse : « Vive le Pape! vive l'Église! » l'autorité civile : « Vive le Roi! et les hommes du Roi! ».

Oh, mes amis, mes amis! ne nous laissons plus prendre aux belles promesses de la Révolution. Le chat qui fait la patte de velours, n'en a pas moins ses longues et terribles griffes; et si l'on conçoit un peu l'imprudence d'une pauvre souris qui se laisse prendre une fois aux airs patelins, à la physionomie cafarde de son ennemi, on ne conçoit plus du tout comment, après avoir été griffée, houspillée, éreintée, la pauvre petite bête s'y laisserait prendre une seconde fois.

Depuis cent ans, nous sommes le jouet, la dupe de cette bête scélérate qui s'appelle la Révolution; elle nous a laissés à moitié morts, non pas une fois, mais cinq ou six fois; elle vient de faire des siennes dans notre pauvre Paris : finissons-en avec elle une bonne fois. Envoyons promener et sa république et ses républicains, et ses francs-maçons, et ses clubs, et son argent, et toutes ses piperies.

Redevenons un peuple chrétien, une nation raisonnable et monarchique. Rappelons le Roi, le seul Roi légitime, Henri V. Seul, il peut nous délivrer de la Révolution, et ramener la prospérité, en nous rendant ce que nous nous sommes laissé ravir : l'autorité légitime et les libertés légitimes.

Un vieux proverbe dit que « tant va la cruche à l'eau, qu'à la fin elle se casse » : si nous voulons encore recommencer nos essais de république, nous nous perdrons si bien qu'il n'y aura plus moyen de nous relever.

CONCLUSION.

Il y aurait sans doute encore bien d'autres préjugés populaires à réfuter. Ce que nous venons de dire doit suffire à les dissiper. D'ordinaire, plus ils sont sonores, et plus ils sont creux ; c'est comme les cruches.

Ce qu'il y a au fond de tous ces préjugés révolutionnaires, c'est l'esprit de révolte, c'est la haine orgueilleuse de l'autorité. Dans la langue révolutionnaire, la fameuse formule « *Les prêtres et les nobles* » signifie : « A bas l'autorité religieuse ! A bas l'autorité civile ! » Pas autre chose.

Rentrons enfin, rentrons courageusement dans les voies de l'obéissance. Obéissons aux représentants de DIEU ; obéissons à nos prêtres et à nos Évêques ; obéissons à l'autorité légitime, et respectons tout ce qui s'y rattache. Sans obéissance, point de gouvernement possible; et sans gouvernement, point de société. Ce n'est pas à un homme, c'est au bon Dieu que nous obéissons lorsque nous nous soumettons à une autorité légitime quelconque. Allons donc à Dieu, allons à Jésus-Christ, mettons-nous à genoux, prions, pour apprendre à obéir.

Le premier fruit de ce retour à l'obéissance sera l'union de toutes les forces vives du pays contre l'ennemi commun. Au dedans, l'ennemi commun, c'est la Révolution; au dehors.... est-il besoin de le nommer?

Mais, pour vaincre l'ennemi du dehors, il faut avant tout terrasser l'ennemi du dedans; et celui-ci, nous ne pourrons en triompher qu'en revenant franchement au bon Dieu, qu'en redevenant une nation catholique et monarchique. Plus d'illusions : le remède est là, et il n'est que là.

Que chacun se mette à l'œuvre. Vive la France! la France catholique! la vraie France!

FIN

TABLE

Typographie Firmin Didot. — Mesnil (Eure).

...u soldat en temps de guerre. In-18 . . . . 05 c.
Par la poste . . . . 10 c.
Causeries sur le Protestantisme. 1 vol. in-18 . . . . 60 c.
Par la poste. . . . . 70 c.
Le Concile. In-18. . . . . . . 20 c.
Par la poste. . . . . 30 c.
La Confession. In-18. . . . . 20 c.
Par la poste. . . . . 30 c.
Conseils sur la confession. In-18 . . . . 10 c.
Par la poste. . . . . 15 c.
— **sur la communion.** In-18. 15 c.
Par la poste. . . . . 25 c.
— **sur la piété.** In-18. . . . 30 c.
Par la poste. . . . . 40 c.
— **sur la prière.** In-18 . . . 20 c.
Par la poste. . . . . 30 c.
— **sur les tentations.** In-18. 30 c.
Par la poste. . . . . 40 c.
Le Denier de S.-Pierre. In-18. 0 c.
Par la poste. . . . . 10 c.
La Divinité de J.-Christ. In-18. 20 c.
Par la poste. . . . . 30 c.
L'Église. In-18 . . . . 10 c.
Par la poste. . . . . 15 c.
L'Enfant Jésus. In-18 . . . . 20 c.
Par la poste. . . . . 30 c.
La Foi devant la science moderne. In-18. . . . . 40 c.
Par la poste. . . . . 50 c.
Les Francs-Maçons. In-18. . 30 c.
Par la poste . . . . 40 c.
Grosses vérités. In-18 . . . 10 c.
Par la poste. . . . . 15 c.

Instructions familières et lectures du soir. 2 vol. in-12 . . . . 5 fr
Par la poste . . . . . 5 fr. 50 c.
Jésus-Christ. 1 vol. in-18 . . . 60 c.
Par la poste. . . . . 70 c.
La Liberté. 1 vol. in-18. . . . 1 fr.
Par la poste . . . . . 1 fr. 25 c.
Les Objections populaires contre l'Encyclique. 1 vol. in-18. . 15 c.
Par la poste . . . . 25 c.
Le Pape. In-18 . . . . 15 c.
Par la poste. . . . . 25 c.
Les Pâques. In-18 . . . . . . 05 c.
Par la poste . . . . 10 c.
La Passion. In-18. . . . . . . 15 c.
Par la poste. . . . . 20 c.
Pie IX et ses noces d'or . . 40 c.
Par la poste. . . . . 50 c.
La Piété enseignée aux enfants. 1 vol. in-18 *franco* . . . . . . 3 fr.
La Piété et la vie intérieure. —
— NOTIONS FONDAMENTALES. In-18 . . . . 25 c
Par la poste . . . . 35 c.
— LE RENONCEMENT. In-18. . . 40 c.
Par la poste. . . . . 50 c.
— LE CHRÉTIEN VIVANT EN JÉSUS. 1 vol. in-18 de 300 pages . . . 1 fr.
Par la poste. . . . . 1 fr. 20 c.
— NOS GRANDEURS EN JÉSUS. 1re partie. 1 v in-18 . . . . . . 1 fr. 25 c.
Par la poste . . . . 1 fr. 50 c.
— 2e partie. 1 vol in-18 . . 1 fr. 25 c.
Par la poste . . . . . 1 fr. 50 c.
— 3e partie. 1 vol. in-18. . 1 fr. 25 c.
Par la poste . . . . . 1 fr. 50 c.

La Présence réelle. In-18 . . 40 c.
Par la poste. . . . . 50 c.
Prie-Dieu. 1 beau vol. in-32 . . 60 c.
Par la poste. . . . . 70 c.
La Religion enseignée aux petits enfants. In-18. . . . . 30 c.
Par la poste. . . . . 40 c.
Réponses. 1 vol. in-18. . . . . 50 c.
Par la poste. . . . . 60 c.
— *Le même ouvrage*, édition de bibliothèque. 1 vol. in-12 . . . 1 fr.
La Révolution. 1 vol. in-18. . 60 c.
Par la poste. . . . . 70 c.
La Sainte-Vierge. 1 vol. in-18. 75 c.
Par la poste. . . . . 90 c.
Les Saints Mystères. EXPLICATION FAMILIÈRE DES CÉRÉMONIES DE LA MESSE. In-18 . . . . 60 c.
Par la poste. . . . . 75 c.
Le Souverain-Pontife. 1 vol. in-18 de 300 pages. . . . . 1 fr.
Par la poste. . . . . . 1 fr. 20
Le Tiers-ordre de Saint-François. In-18. . . . . 20 c.
Par la poste. . . . . 30 c.
La très-sainte Communion. In-18 . . . . 20 c.
Par la poste. . . . . 30 c.
Vive le Roi. In-18 . . . . . . 25 c.
Par la poste. . . . . 35 c.
Les Volontaires de la prière. In-18 le Cent. . . . . 1 fr. 50
Par la poste. . . . . . 1 fr. 75
Y a-t-il un Dieu qui s'occupe de nous? In-18. . . . . 10 c.
Par la poste . . . . 15 c.